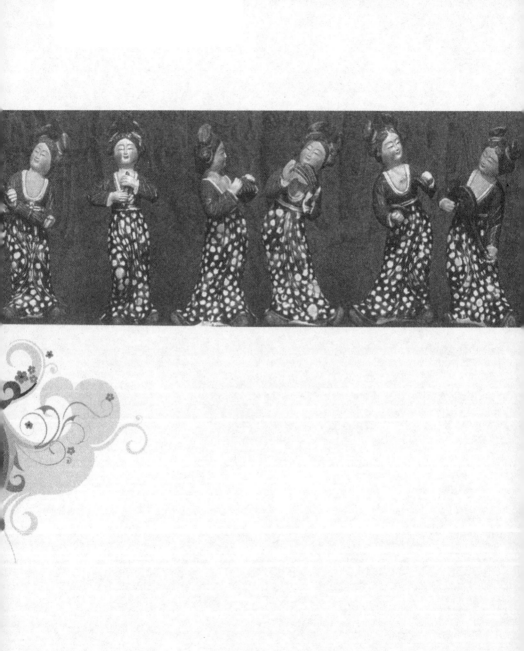

Zhongguo Wenhua
Zhishi Duben

中国文化知识读本

唐三彩

吉林出版集团有限责任公司
吉林文史出版社

主编
金开诚

编著
焦小平

图书在版编目（CIP）数据

唐三彩／焦小平编著. —— 长春：吉林出版集团有
限责任公司：吉林文史出版社，2009.12 （2023.4重印）
（中国文化知识读本）
ISBN 978-7-5463-1687-1

Ⅰ. ①唐… Ⅱ. ①焦… Ⅲ. ①唐三彩－简介－中国
Ⅳ. ①K876.3

中国版本图书馆CIP数据核字(2009)第236879号

唐三彩

TANGSANCAI

主编／金开诚　编著／焦小平

项目负责／崔博华　责任编辑／曹恒　崔博华

责任校对／王明智　装帧设计／曹恒

出版发行／吉林出版集团有限责任公司　吉林文史出版社

地址／长春市福祉大路5788号　邮编／130000

印刷／天津市天玺印务有限公司

版次／2009年12月第1版　印次／2023年4月第5次印刷

开本／660mm×915mm　1/16

印张／8　字数／30千

书号／ISBN 978-7-5463-1687-1

定价／34.80元

前　言

　　文化是一种社会现象，是人类物质文明和精神文明有机融合的产物；同时又是一种历史现象，是社会的历史沉积。当今世界，随着经济全球化进程的加快，人们也越来越重视本民族的文化。我们只有加强对本民族文化的继承和创新，才能更好地弘扬民族精神，增强民族凝聚力。历史经验告诉我们，任何一个民族要想屹立于世界民族之林，必须具有自尊、自信、自强的民族意识。文化是维系一个民族生存和发展的强大动力。一个民族的存在依赖文化，文化的解体就是一个民族的消亡。

　　随着我国综合国力的日益强大，广大民众对重塑民族自尊心和自豪感的愿望日益迫切。作为民族大家庭中的一员，将源远流长、博大精深的中国文化继承并传播给广大群众，特别是青年一代，是我们出版人义不容辞的责任。

　　本套丛书是由吉林文史出版社和吉林出版集团有限责任公司组织国内知名专家学者编写的一套旨在传播中华五千年优秀传统文化，提高全民文化修养的大型知识读本。该书在深入挖掘和整理中华优秀传统文化成果的同时，结合社会发展，注入了时代精神。书中优美生动的文字、简明通俗的语言、图文并茂的形式，把中国文化中的物态文化、制度文化、行为文化、精神文化等知识要点全面展示给读者。点点滴滴的文化知识仿佛颗颗繁星，组成了灿烂辉煌的中国文化的天穹。

　　希望本书能为弘扬中华五千年优秀传统文化、增强各民族团结、构建社会主义和谐社会尽一份绵薄之力，也坚信我们的中华民族一定能够早日实现伟大复兴！

目录

一、中国陶瓷史上瑰宝——唐三彩

唐三彩以黄、白、绿色为基本釉，因此得名

以前的历史研究从没有人过问唐三彩，古书中也没有对唐三彩的记载，唐三彩这个称呼形成也只有100多年的历史。直到20世纪初，清朝修建陇海铁路时，在山清水秀、景色宜人的洛阳邙山的山麓下，发现了大量唐王朝王室贵族的墓群。更加令人兴奋的是随着墓群的进一步挖掘，大量唐三彩的器皿、唐三彩俑和动物俑呈现在世人面前。它以形象生动、色彩绚烂、气势浑圆、雕琢精工、形象而不失理性的设计、简约而又带着夸张的手法，引起了人们的关注。为了弄清这些器皿的来历和价值，经王国维、罗振玉两位学者对唐三彩进行科学的分析、研究，还这些陶器以真实的身份，指出了唐三彩的收藏价值、艺术价值和文化价值。

消息传出，国内外顿时对这个朴实而不失高雅的唐代陶器所痴迷，人们放下了唐三彩是陪葬品的不吉利想法，蜂拥到洛阳邙山来，重新搜寻被盗墓者遗弃的唐三彩。顷刻之间，洛阳邙山被人们挖得体无全肤。曾经被遗弃的唐三彩，在世人面前成了无价之宝，身价倍增。外国人也不惜重金纷纷来购买和收藏唐三彩，大量稀世珍宝流失于外，实在让国人叹息，追悔莫及。中华人民共和国成立后，国家考古研究机构对唐三彩的釉料进行了化学成分提取，并对制作工艺进行了深入的研究，进一步认定了唐三彩在中国传统文化和中国陶瓷历史上的历史地位。它是中国陶瓷发展史上一颗瑰丽的明珠，是中国陶瓷艺术和雕塑艺术的完美集合物。

令人庆幸的是，仅用了100年，人们在洛阳就再现了有着1300多年历史的唐三彩的制作工艺，制作出了仿唐三彩。仿唐三彩在釉料的颜色、釉陶的装饰，包括制作技术都有很大的创新，创造性地制作出了唐三彩陶板画。用这种独特的工艺来诠释国花牡丹，是艺术家表现牡丹娇艳欲滴、

唐三彩是唐代出现的一种彩陶工艺品

唐三彩诞生距今已有1300
多年的历史

雍容华贵气质的最完美的方法。特别是洛阳
美陶公司制作的唐三彩作品，以精湛的做工、
传神的形象、鲜明流畅的色彩，为我们奉献
了一批批的仿唐三彩艺术珍品。今天的洛阳
仿唐三彩是对唐三彩的继承和发展，不仅产
品远销国外，而且时常被作为礼物赠送给重
要的外国朋友。

　　唐三彩是一种低温铅釉的陶瓷制品，主

要有黄、白、绿三种颜色，故被称为唐三彩。需要指出的是唐三彩不是只有三种颜色，还有天蓝、褚红、茄紫、浅绿、深绿、黑等多种颜色，但不一定每件唐三彩都三色俱全。利用三色铅釉在高温下相互融合的上釉技术来制造出绚丽无比的色彩，在坯体上刻画胎体装饰的图案，使唐三彩更加异彩纷呈，变化无穷，色彩斑斓。

唐三彩其实是唐代多彩釉彩的统称，人们称之为唐三彩也是出于对唐三彩蓬勃生机的赞美。唐三彩多出土于唐朝东都洛

唐三彩女俑

唐三彩造型种类很多

阳，又称为洛阳唐三彩。唐三彩的烧制温度、选料等与瓷器都是不一样的，不能混为一体。唐三彩的胎体质地松软、制作粗糙；而瓷器制作精细，胎体透亮，敲打时会发出清脆悦耳的声音，如江西景德镇的青花瓷。基于这些与瓷器的根本差异，唐三彩是陶器是确定无疑的。

瓷器由陶器发展而来，但与陶器有本质的区别。首先是胎料的问题，陶器用的是普通的黏土，含铁量一般在 3% 以上。瓷器则用瓷土，最早发现于江西景德镇，含铁量一般在 3% 以下。其次，入窑的温度条件也是有差别的。陶器由低温烧制而成，大体在 900 ～ 1100℃之间，若温度太高，陶器就要被烧坏变形。唐三彩第一次素烧温度约1100℃，第二次釉烧的温度约900℃。瓷器则需要1300℃的高温才能烧成晶莹剔透的精致成品。最后也是最为重要的区别就是胎质不同。陶器质地粗疏，易吸水，手感不如瓷器的细腻，轻轻地敲打嗡嗡而响。瓷器经过高温焙烧，胎质坚固，烧成后基本不吸水，胎体光滑没有杂质，轻轻地敲打声音清脆悦耳。

　　唐三彩要经过选料、成型、素烧、釉烧、开相等一系列复杂的工序才能制作完成。它一般多以白色黏土（高岭土）作胎，而后把精心制作成型的胎体晾干，放入窑中经1000～1100℃的高温烧制，经过这个

唐三彩女俑

唐三彩马

唐三彩人物

过程而成的作品，叫做素烧品。紧接着在冷却后的素烧品上施以铅釉，入窑再经 900℃低温釉烧。唐三彩经过第二次的釉烧过后，色彩斑驳，线条流畅，造型别致，釉料相互交融、流散，色彩的层次感跃于人们面前，令人浮想联翩、惊叹不已。

唐三彩制作工艺复杂

　　大部分作品的烧制工艺到此已经圆满完成。而唐三彩的人物俑，还要经过开相这最为关键的一步。就是要在头、手和足不施釉的显要部位，在白色的胎体上用墨再进行细致地刻画和装饰。在头部要巧妙地用黑色的墨描绘出人物的浓眉大眼、高挑的鼻梁。胡须、帽子和发髻上的装饰也用黑色的墨来点缀和刻画。对于嘴和脸颊则用朱红的墨来细腻地描绘。经过开相这重要的一道工序，高贵典雅的唐代贵妇、彬彬有礼的文官大臣、凶神恶煞的武士、婀娜多姿的侍女、高鼻深目的胡人就活灵活现地呈现在我们的面前。对于为什么要

唐三彩常作为冥器陪葬

设有开相这一程序，史学家和文物爱好者也充满了无数的假设和猜想。认为开相的装饰手法可能是工匠们精益求精，为了追求每个作品都是上乘佳作，力求完美的艺术态度的最好诠释；也可能是追求古朴的自然之风，特意留下的；也可能是工匠们考虑到头、手和脚部的釉色不好控制，不能很好地展现自己的艺术设想，故而最后作为修饰和完美化的手法，这种想法也是有道理的。

更令人诧异的是原来白色的胎体，在窑中两次烧制之后，为什么会有这种"窑变"的效果，是什么让唐三彩在烧制的过程中产生了这种斑驳绚丽的色彩呢？原因很简单——釉的着色原理。釉料中含有铜、铁、钴、锰等氧化物，加上釉中的铅做助溶剂，在窑中高温下由于釉汁的流动性，釉料在胎体上交互融合，自然流动，就产生了色彩斑斓、变化无穷的效果，创造出了一件件蜚声于世的艺术作品。在唐代，唐三彩的制作工艺日臻完善，工匠们掌握了使用一定量的氧化铜，经过"窑变"使胎体呈绿色，而加入适量的氧化铁经过"窑变"就烧成黄褐色，使用氧化钴则为蓝色，到了晚唐的唐青花的大量生产就是鲜活的证据。在此基础上调制出茄紫、

唐三彩佛像

天蓝、褚红等釉色，这些铅釉技术的牢固
掌握和灵活运用，促使唐三彩在汉代略显
单调的单釉色的基础上发展成为现在的色
彩缤纷的多釉色。

　　在几千年的历史风云变幻中，唐三彩
在汉代的基础上，经过魏晋南北朝的发展、

着色工艺是唐三彩色彩绚
丽的关键

唐代盛行厚葬，不仅是达官显贵，百姓也是如此

隋朝的积淀，到了唐代才完善、成熟；既有阴柔之美又不缺阳刚之气；既汲取了传统文化的营养，又受到了外来文明的熏陶。唐三彩的发展史就是唐代的兴衰史，是唐代生活的折射。它的发展大致与唐代的发展息息相关。国家强大，经济实力雄厚才能为陶瓷艺术的滋生、发展提供足够的土壤。唐高祖李渊在公元 618 年建都长安，经过武德年间的休养生息，经济有了很大的起色，陶瓷业也像雨后的春笋一样发展起来。唐高宗到武则天执政之前，唐三彩进入到初创时期，这一时期的唐三彩是一般的单色釉，品种也比较少。武则天称帝以后，唐朝的农业、手工业

开始迅速发展，一直到唐玄宗时达到了鼎盛时期，这个时期我们通常称为盛唐，当时风调雨顺、人民安居乐业、国泰民安，天时、地利、人和都为唐三彩的发展准备了条件；皇室贵族的奢靡的、腐朽的、贪图荣华富贵的风气，点燃了对厚葬的需求。这些因素都促进了唐三彩持续和迅猛的发展，这个时期的唐三彩种类繁多，囊括了生活的各个方面，色釉清新夺目，层次多变。唐三彩已不只是作为明器，也生产一些生活用品，在建筑上也常用唐三彩来装饰。好景不长，经安史之乱之后，唐朝的政治动荡，经济严重下滑，国力日衰，唐

唐三彩色釉清新夺目，
层次多变

三彩的质量和数量也有较为明显的下降，再也找不到盛唐时期那种繁荣的迹象。

唐三彩遍布大江南北，最有名的、种类最多的大多出于两都——西都长安（今陕西西安）和东都洛阳。扬州作为当时的国际贸易城市，也出土了不少的唐三彩，在甘肃、辽宁、江西、湖北等地均有唐三彩的发现。这不足为怪，在 600 多年的封建时期，唐朝是世界上的泱泱大国，也是我国封建社会发展的最高峰。它有长达 289 年的历史，政治稳定，经济繁荣，文化争鸣，民族和谐，思想开放，带来了诗歌、绘画、雕塑、工艺美术等文化艺术的繁荣和发展，为唐三彩在中

线条流畅的唐三彩女佣

唐三彩马

华大地的广泛流行铺平了道路。

　　唐三彩的足迹遍布中华大地，而且唐三彩繁多的种类也广为国人传颂。唐三彩的种类折射了唐朝生活的各个角落，这里我们按照它的主要用途大致分为三种：一种是唐三彩器皿，这种唐三彩在文物的发

唐三彩马

掘中还是占一席之地的，像钵、盂、炉、碗、盘、杯、尊、壶、瓶，还有砚台、枕头等生活用品均可以归于此类。另一种就是动物俑，动物俑造型主要有马、骆驼、狮、牛、驴、镇墓兽等，还包括一些猪、狗、羊、兔、鸡、鸭、鹅等家畜。每件唐三彩马都是别具一格的，都凝聚了工匠们娴熟的技术和动人的情感，都是他们完美的技艺和奔腾活跃的灵魂演绎出的绝世之作。有的马昂首挺胸巍然挺立，有的冲天嘶吼，有的低头静听，有的相互嬉戏；姿态万千的唐三彩骆驼带来了从西域传来的驼铃声，给我们无限的遐想空间。最后一种就是唐三彩人物俑，各个阶层的人应有尽有，天王、武士、贵妇、佣人、牵马俑、牵驼俑以及骑马俑、乐舞俑等种类繁多色彩艳丽。

西安秦始皇文官兵马俑

迄今为止，考古学家发现的唐三彩窑址有河南省巩义市黄冶窑址、陕西省铜川市黄堡窑址、河北省内丘县西关窑址和陕西省西安市郊机场窑址。黄冶窑址于1957年发现，是中国发现最早的一处唐三彩窑址，距国色天香的牡丹城洛阳50公里。自从武则天在洛阳建都以后，洛阳就成为了唐朝的政治、经济、文化中心，据说武则天对唐三彩爱不释手。巩义黄冶窑有着悠久的历史，初创在隋末，当时主要生产的是青釉陶器，到了唐代生产规模扩大，生产品种繁多，技术成熟，到了盛唐已经是主要生产唐三彩的地方，直到晚唐仍存在。随后发现的铜川黄堡窑，是当时的第二大烧唐三彩的窑，种类、数量都可以与巩义黄冶窑相媲美。内丘西关窑址、西安机场窑址出土的三彩器、三彩俑类，与巩义黄冶窑产品不同，数量也不及巩义的黄治窑。

唐三彩是中国陶瓷史上，乃至世界陶

唐三彩持雀女佣

瓷史上不可磨灭的一页，它以雄厚的气魄、传神的雕刻、缤纷的色彩、粗犷的线条为特征，集合了中国传统的国画、雕塑、针织的各种工艺于一体，运用刻花、印花、贴花、划花等表现手法，揭开了中外陶瓷史崭新的一页。

二、漫长的历史过程及兴起原因

（一）曲折漫长的历史过程

中国陶瓷发展到唐代可谓是登峰造极，唐三彩是中国陶瓷史，乃至世界陶瓷史的奇葩，它是唐朝恢弘的气势、开拓创新的时代精神和审美意识的杰出之作，无不体现中国人民的智慧和灵性的光芒，也是雕塑家对生活的热爱和对辉煌唐代讴歌的理想作品。

唐三彩的发展经历了一个漫长曲折的过程，从新石器时代的红陶到唐代的多彩釉陶，从彩绘陶器到铅釉陶器，从彩绘装饰到釉彩装饰，唐三彩的发展史就是中国文化的发展史。让我们来细细地品味唐三彩的历史过程，来领略中国悠久的历史文化，以及在这深厚文化中诞生的经久不衰的陶瓷文化和陶瓷艺

唐三彩仕女俑

唐代白釉碗和注壶

术。

历来华夏儿女就有着勤劳和智慧的双手，对于古代那种生活特别艰苦的环境，勤劳的华夏儿女用自己的双手来探索过上更好的生活，设想要用什么来贮水，怎么样能把剩下的食物储存起来。在无意间，聪慧的劳动人民发现，用雨水浸泡过的泥土变得有黏性，可塑性也很强，经过火的烧制以后可以变得坚硬而不易变形。他们猜想可以用泥巴来捏造出各种的形状，再用火烧制成想要的器皿，既方便又可以防止漏水，因而发明了陶器。

距今约 10000 年的新石器时代早期的

唐三彩造型生动逼真、
色泽艳丽

残陶片在中华大地上被发现，可以说陶器在10000年前已经出现了。而当时由于生产力极其低下，人们与恶劣的自然环境斗争的能力差，出土的陶器表面粗糙，厚薄不均，并且掺杂有大小不等的石英粒。他们还没有什么特别的技术和原料，就地取土，而后放在火堆上烧，烧制温度不高所以松软易碎。器型都是用泥条盘筑成型的罐、钵之类的小型陶器，未见有把手之类的装饰物，器皿上有一些简单的条纹。虽然这些陶器原料粗糙、造型简单、烧制温度低，但毕竟是人类第一次尝试按照自己的意愿来制作器物，它大大地改进了原始人的生活质量。陶器是人类文明的重要创造，人类开始学会改造自然，征服自然，是人类进步的重要标志。

在生活中，我们一般把用黏土为胎，再经过轮制、模制、捏制等方法加工成型后，在 800 ～ 900℃左右的高温下焙烧而成的物品，称为陶器。古代人们把动物、楼阁以及日常生活场景及人塑像都用陶器来表现，因而陶器的种类遍及生活的方方面面。从品种看，陶器又分为红陶、彩陶、黑陶、白陶和彩绘陶等，具有浓厚的生活气息和独特的审美情趣。

泥条盘制法是制作陶器的一种最古老

唐三彩从侧面反映了唐王朝的政治生活

雪山二期黑陶盆

的方法：把湿润的泥搓捏成条状，由底部盘旋而上盘绕成相应的形状，直到口沿的时候用手把多余的泥条抹去。轮制法是把泥料放在快速转动的陶车上，两手随着轮盘的转动而转动，要想做出精细华润的陶器，用力要求是很严格的。模制就是在做大型器皿的时候，把做好的大型器皿当做模子，把湿润的泥土直接放到模子里。

新石器时代已经发明了陶器，而且陶瓷种类很多，现在我们来揭开陶瓷发展史的面纱。每个时代陶瓷工艺的发展都会为唐三彩的历史画卷浓浓地画上一笔，所以到了大唐时期，唐三彩就以其意境独到、风范高雅、

魅力永恒伫立在世人面前，堪称大唐的瑰
宝、陶瓷中的经典之作。

最早的陶瓷要属新石器时期的红陶，
原始社会红陶使用得最广泛。红陶烧成温
度在 900℃左右，主要出土于陕西甘肃等
地。大部分是用泥条盘制而成，由于陶坯
入窑焙烧，使陶胎中的铁在高温下氧化，
因而器表呈红色。

在仰韶文化遗址出土的有红陶、灰陶、
彩陶和黑陶，其中贡献最卓越的要属彩陶，
彩陶在陶瓷史上具有里程碑的意义。用褚、
红、黑等有色的天然的矿物质，均匀地涂
在未干的胎体上，随后再用火焙烧，使颜
色不易脱落。早期的陶器上的纹饰特别简
单，用带有简单花纹的木板直接按印，常
带有一些动物纹、几何纹、绳纹。让我们
不能不对产生在距今约 5000～7000 年中
国新石器时代的仰韶文化肃然起敬。

到了新石器时代后期，出现了可以与
彩陶相媲美的黑陶。它有"黑如漆、薄如纸"
的美称。其中以细泥薄壁黑为最高水平，
这种黑陶的陶土经过淘洗使制作出的器皿
更精细。这时的制作方法开始使用轮制，
做工更精巧，胎壁仅 0.5～1 毫米，再经

乐俑

这些古俑虽年代久远，但保存基本完好

打磨得漆黑光亮，有"蛋壳陶"之称，黑陶以素面居多，带纹饰的较少。

随着生产技术的发展和人类的进步，进入商代以后白陶器得到了空前的发展。在殷墟出土大量的白陶，它们制作精致，多为手工捏制，胎质洁白，细腻如玉，质地坚硬。器表多刻有精美图案，工匠按照美学来设计，以曲折纹、云雷纹这些较粗犷的纹饰来装饰坛、罐等这样大型器皿。而体格小的盂、钵等多饰以米字纹等秀气的纹饰，是一种极珍贵的工艺品。而此时也已经出现了用添加了一定量石灰石的黏土做釉料的石灰釉，但是在汉代之前除了商代的石灰釉，釉陶并未得

红陶三足鸟形器

到真正的发展，后代的王朝也未见釉陶的
出现。在汉代之前，釉陶的发展并没有我
们想象得那样乐观。

西周时，人们的审美视角发生变化，
出现了印纹硬陶器。而白陶器就不再烧造
了，石灰釉也从此销声匿迹。印纹硬陶器
即在未干的胎体上用印模将所需花纹印上
去后进行烧制。因此，器物多留有席纹、
绳纹的痕迹，后渐趋丰富、精美，纹样均
为几何形纹饰。

彩绘陶在战国和秦汉时期开始大显身
手，把器皿烧制成型后，常用红、黑、黄、白、
赭等色彩在胎体上描绘出图案，绘制后不

唐代的审美观有了很大的发展

唐三彩工艺水平达到了新的境界

再烧彩。彩绘陶的制作工艺还是相当复杂的，要先将颜料磨碎，添加适量的胶，通常是黑地绘红、白彩；红地绘黑、白、黄彩；白地绘红、黑彩；底色与彩绘的搭配使器皿格外醒目。彩绘蟠龙纹陶盘代表了当时的最高水平。战国、秦汉时期的彩绘陶在中华大地遍地开花，彩绘陶类型也遍及生活的各个角落。如秦始皇陵出土的上千件兵马俑，均属于彩绘陶的范畴。

陶器追求自然朴实，而且用土来做原材料，因而有着极强的生命力，汉代集商代的石灰釉陶和秦汉的彩绘陶的技术于一身，又加入了新的艺术元素，创新出了绿釉陶。汉代对铅釉技术的成功运用，可以说汉代的单色铅釉陶是唐代唐三彩的前身。当时制作出的绿釉陶有着翡翠的质感、晶莹剔透、瑞泽光亮。随着技术的发展和创新，到了魏晋南北朝时有些已经出现了黄、白、绿三色同为一体的作品。

经过了各种单色陶、彩绘陶、单色釉彩的技术，加上长达 10000 年的文化积淀，诞生了色釉深沉、釉面光泽、有玻璃质感和翡翠般透亮的唐三彩。当一件件成功的唐三彩作品问世，单色的陶器，退出了历史舞台，只有唐三彩独领风骚。

（二）综合因素的催生之物

中国的封建时代历史最长，正是有着如此的积淀才创造出了无比璀璨的文化。唐代又是中国封建社会的鼎盛，异国文化与中国文化相互渗透，在中华大地上形成了全新的唐代文化。唐代文化在中国文化史上是最为绚丽的。它博大精深、繁荣灿烂，可以说是中国文化的精髓和世界文化的瑰宝。唐代文化在中国文化史上有着独一无二无比崇高的地位，不仅惠及中华民

陶罐

族，而且丰富了许多外国的文化，如日本、天竺、波斯等。当代日本的和服、考试制度、饮食习惯，甚至是日本的语言都还保留着唐代的影子。

勤劳的大唐人民在不到300年内创造了极其丰富的物质文明和精神文明。大唐的建筑、饮食、家具、兵器、服装深受现代人的喜爱，至今人们都还津津乐道，大唐音乐、美术，特别是唐诗，现在的人们依然朗朗

唐代文化具有世界性的影响

唐三彩

上口。大唐的文化吸取了本国的传统文化的营养，又广泛吸收外来文化的精华，因此它具有鲜明的时代特色和浓郁的民族风格。而唐三彩是唐代文化的点睛之笔，是唐代物质文化和精神文化最为广泛、丰富、深刻的代表。大唐富足的物质生产、开明的政治、多元的文化、佛教的大力发展、多彩的艺术、创新的意识、厚葬之风共同催生了唐三彩的诞生和发展。

唐代的对外开放政策使外来工艺大量流传至中国

　　充足的物质是唐三彩诞生的物质条件。隋朝结束了近四个世纪的南北分裂，统一的社会为经济的发展提供了良好的环境，也为唐代的繁荣打下了基础。唐代君主实施休养生息的政策，大力兴修水利，发展生产力，建国不久就出现了贞观之治的繁荣景象，经过历代皇帝的精心料理，130多年的发展使大唐王国经济蒸蒸日上、商业欣欣向荣、中外经济文化交流频繁、国家富强、民心向上。富足的物质条件，促使绘画和雕塑艺术也像雨后春笋一样高速发展并成熟起来，绘画和雕塑的成熟是唐三彩工艺技术形式的不可缺失的因素。

　　唐三彩的出现与唐代的厚葬之风是有着很大关系的。厚葬之风在封建社会的各

烧制唐三彩的古窑遗址

个时期都有，是中国传统文化的重要现象，唐代此种现象更是严重。陕西关中盆地北部的"关中十八陵"就足以说明这一切。这些帝王的陵墓气势磅礴、规模宏大、豪华壮丽、尽善尽美，淋漓尽致地显示大唐的恢弘气魄，也从侧面显示出了唐代统治阶级上层的生活腐化，追求荣华富贵，奢华享受。这种奢华的生活使统治者想在死后也享受同样的富贵，占用巨额的财富，加之封建社会中迷信的心理，所以统治者不惜任何代价想要把生前的生活用品、妻妾美女、文武侍从、飞禽走兽、马牛骆驼这些东西都埋入坟墓中。据记载，唐朝中央还设有专门管理分发明器的官员。在明器入墓之前还要有庞大的仪仗队

抬着，来彰显统治者的地位和身份，那种
奢侈达到了惊人的地步。

　　宽松的政治环境，也对唐三彩的发展
与繁荣起到了推动的作用。唐代对外国少
数民族较为宽容，使民族出现了大融合的
景象。张骞出使西域开辟了举世闻名的丝
绸之路。经由丝绸之路，很多的外国朋友
来唐经商、学习、传教、生活。这些外交
使节、商人、宗教徒、艺术家、天文家等
长期留驻中国，跟大唐进行文化交流和对
话。这些交流丰富了唐代人们的生活，这

唐三彩窑遗址

漫长的历史过程及兴起原因

中外文化的交流丰富了人们的生活

使大唐百业俱兴，带来了新的艺术氛围，使艺术上有了创新的元素。大唐帝国的自信和容纳百川的博大胸怀，使唐三彩艺术同样也得到稳健高速地发展，创造出了独特的艺术表达形式。

佛教在欣欣向荣的唐代得到了长足的发展，而佛教的发展也带动了雕塑、绘画、音乐、工艺美术等方面的完善与发展。崇拜佛教的行为成为当时盛行的社会风尚。佛教对唐三彩中的人物造像产生了深远的影响。唐代女俑婉转优美的姿态就是吸取了佛教丰富的造型艺术特点，同时唐三彩兼收并蓄，巧妙地使西方雕塑造型比例恰当，与中国艺术上更重人物写实的特点合为一体，唐三彩是中外合璧的经典之作。

民族的自然融合是一个互相渗透、学习的过程，是在思想上、生活上、艺术上推陈出新、不因循守旧的过程。春秋战国时期经济文化交流促进了民族融合和百家争鸣。唐代政府采取了更多的促使民族融

陶器窑

唐三彩马

合的有力措施，特别是文成公主入藏、金城公主嫁与吐蕃时带去了大量中原的碾磨、纺织、造纸、酿酒等生产技术，还有诗文、佛经、医典、历法等典籍，促进了西域经济、文化的发展，加强了西域与中原人民的友好关系。同时，异域的艺术元素也必然会传入中原，为唐三彩的成熟创造了有利的条件。

三、唐三彩的制作过程、装饰及艺术特征

唐三彩人物

（一）复杂冗长的制作过程

经过我国考古工作者对大量唐三彩窑址的勘测及对釉料的化学物质的提取，才使得唐三彩的生产过程能够清晰地展现在我们的面前。总的制作过程大致可分为制作胚胎和釉烧两大方面。制作胚胎就是最基本的过程，而釉烧是制作唐三彩中最关键的过程。唐三彩的制作过程可以细分为选土、碾磨、制坯、素烧、釉烧直到开相，工序是一环扣一环，环环相连，每一步都是制作唐三彩珍品的必要步骤。一件唐三彩珍品的诞生，工匠们要付出很多的辛勤劳动。

陶土的粗糙会影响陶器的颜色，选土是唐三彩制作过程中极其重要的一环。为了做出上乘的佳作，唐三彩所用的泥料非常细致，一般都精选纯净的高岭土做泥料，但由于泥料中的含铁量有所不同，素烧之后有白色胎体和红色胎体之分。在选土完毕后，要对原材料进行处理，将泥料置于料场，经过风吹日晒使其风化。而后开始碾碎备用，选泥和碾磨之后高质量的泥料就准备好了。

唐三彩的生动与否全在做胚的过程。善于创新的唐代工匠们根据陶器的大小、造型的不同，而采用不同的制作方法。造型手法

制作唐三彩选料很重要

有捏塑、轮制、模制等几种，器皿多用转轮旋制，而俑多用手工雕塑、刻制而成。较大的俑类先用制作好的模子翻制成型。模型是用做好的成品素烧成模，制作的时候可以直接将泥注入模子，定型后把模子取下。

唐三彩的制作工艺中很具特色的就是素烧这个环节，把制作好的精坯，用1000～1100℃的高温来烧制。经过素烧的胎体更加坚硬不碎，保证了色彩的流畅和色度的玻璃般的通透感。上釉也是很关键的一步。釉是附在陶器制品表面的无色或有色玻璃质的薄层。它与胎体紧密地依附在一起，当釉料施在胎体的时候，胎体与釉料相互浸润融合，从而釉料就均匀地附在了胎体的表面。

唐三彩的釉药，一般有铅、氧化铜、氧化锰、氧化铁、氧化钴等矿物质，这些药物中铅是助溶剂，用不同的釉料烧后的颜色也是不一样的。这些釉药经过研磨成粉，按照成色的要求，遵循一定的比例混合成液体状的釉料。素胎再经过能工巧匠们使用不同的施釉方法，如浸釉、涮釉、浇釉、荡釉等进行上釉，使胎体附着一层适度的釉浆。通俗地讲，浸釉就是把胎体放入釉料中，使釉料均匀地依附在胎体上。

唐三彩人物

唐三彩多用此法施釉，釉汁往往不到底足，上部有釉而下部露胎。刷釉工匠们用刷子蘸上釉料均匀地涂在胎体的表面，多是因为一些有棱角的器物或是补釉才用到。大型的俑类怎么办？浇釉就能完成这个要求。就是把胎体放在木板上，两个以上的工匠一起往上面浇釉料。器皿的内部施釉的方法是把釉料直接灌入胎体里，均匀用力晃动，再把多余的釉料倒出来，这个施釉的方法就是荡釉。

要达到釉料的层次感，釉烧这个程序是少不了的。上了釉的胎体在高温的作用下发生奇特的窑变效果，釉面和胎体天衣无缝地结合，釉色神妙莫测地变化，还有唐三彩成品中的开片及滴釉等现象无不体现了唐三彩的醇厚质朴的美学元素。

（二）细腻繁多的装饰方法

釉面的斑驳陆离到底是用什么样的手法来表现的呢？对唐三彩釉面的装饰异彩纷呈，是能工巧匠的智慧结晶。釉面装饰手法是唐三彩装饰手法的一部分，分为分区施釉、点釉、平行带施釉。分区施釉就是要根据色彩和审美的要求，在素胎的不同部位涂上不同的釉料，如三彩马的马身通体施赭红的釉，马鞍施绿色的釉。各种颜色的釉料在高温下相互交融、流窜，产生一种意想不到的视觉冲击。点釉法，顾名思义就是运用经过特殊的工艺处理在胎体上留下各种圆点。有在素胎上直接施各种形状不同的釉点的，这些釉点或是整齐划一，或是杂乱无章，尽显设计者的艺术功底和艺术内涵。也有在胎体上先涂蜡，然后经过处理使涂蜡处留下变化多端的白色釉点。平行带施釉法，是在素胎上换成彩条，来施釉，或是只在胎体的上部分施釉，使釉料在高温下自然地流淌和浸融，自然形成一种条纹状釉带。平行带施釉的方法在女俑的襦

釉烧出来以后，有的人物还需要再开脸

唐三彩的制作过程、装饰及艺术特征

唐三彩制作工艺还包括画眉、
点唇和画头发等

裙和镇墓兽中用得特别多，主要是为了表现唐代服饰的飘逸和妩媚，表现镇墓兽的威武凶悍，是唐代精神的一种展现。

除了釉彩的装饰，还有胎体的装饰，可以说大唐时唐三彩的各种制作工艺层出不穷，表现手法也是不胜枚举的。在胎体直接雕刻、划花、印花、贴花、捏塑，设计者在胎体的表面设计各种的纹样，有宝相花、吉祥如意的莲花、各种的浮雕花纹、动物和人，对胎体进行修饰和美化作用。这些图案的做工都很精致，耐人寻味。

（三）鲜明的美学特征

辉煌华丽的唐三彩是和谐与对比的统一，灵感与现实的统一，稳重与生动的和谐。这是由于艺术家把这些元素都注入了唐三彩的设计中，才能使唐三彩所代表的陶瓷文化成为中国举世闻名的代表性文化形态。唐三彩有着很强的中化民族特色和美学个性。

1. 从天然质朴的角度表现美

唐三彩是奋进的中华儿女在征服自然的过程中，逐渐地认识了泥土，慢慢地了解铅的作用，集勤劳、智慧、审美于一体，这是对生活的热爱，对自然之物产生的灵感，他

唐三彩驼俑

们用自己灵巧的双手，用泥土、釉料来表
现自己的审美情感，来诠释人们对生活、
对生命的热爱。每一件作品、每一个俑、
每一匹马都是工匠们倾心的作品。唐三彩
无论在造型还是在装饰上都重视对自然材
料的精细雕琢，有的显露白色或红色的胎
体，展现材料的天然质朴之美。每件唐三

唐三彩女子像

悠然娴雅，体态丰满的唐代女俑

彩都体现着中国陶器所具有的天真恬淡的意境。

2. 灵感与现实的统一

工匠们通过对唐代生活的细致观察，从表达自我真情实感出发，对作品的设计遵循现实主义的原则，以生活中的原型来塑造真实的艺术形象。每个唐三彩的作品都能在生活中找到真实的模子和样板，它的创造不脱落现实。设计者不仅停留在写实之中，而是要按照美学的规律来塑造物体，表现内在韵味，体现艺术家的品格，设计者用心灵和真

情来塑造每个器皿，强调灵感与现实两者的统一。工匠们从现实生活中寻找灵感，灵感又在生活中升华。不脱离现实而又超越现实，才会有生动活泼、活灵活现而又有浓厚生活气息的佳作问世。

女俑高髻广袖，亭亭玉立

3. 稳重与生动的和谐

稳重是中国陶瓷的特征之一，不论哪件唐三彩的作品都会尊重唐三彩比例与尺寸的对称得体，要求设计者根据生活中的

宫廷侍女俑

经验，设计出大小、部件及结构比例得当的作品。这是唐三彩作为生活用品所必需的。这种比例的和谐会给人们一种安全感和庄重感，人们看到一件件唐三彩的艺术作品会立即对设计者肃然起敬，对设计者的工艺手法、技巧及审美情感佩服得五体投地。而生动是艺术的要求，每个唐三彩都是作者无限的艺术素养的体现，每件唐三彩都是一件完美的艺术品，这就要求唐三彩要表现一种变化的情感，表达作者的审美，要求有静有动、动中有静、动静结合、扑朔迷离、耐人寻味。

4. 细腻的刻画和精美的技巧

唐三彩的作品特别重视加工技术，追求精益求精的做工。很多的地方都出现了刻意雕琢、华丽修饰作品的现象，这是工匠们娴熟的技术和高尚的审美情操的体现，工匠们可以随心所欲地驾驭作品，在刻意地对作品的雕琢中，工匠的审美观念跃于作品之上。每件唐三彩的艺术作品都有很多的装饰品和修饰方法，从选材到成型，从素烧到釉烧，从釉料的选择到施釉的方法，从胎体装饰到釉陶的装饰，每一步都追求完善和刻意的技术要求。

这件唐三彩作品充满了生活
气息

5. 和谐与对比的统一

　　每件唐三彩的作品都是要表达一定的思
想和工匠对作品的一种情感，而工匠们的设
计意念要通过整个的作品来表现，而不是单
单地看作品的某个部分，单欣赏作品你可能
体会不到作品有什么真正的意境和思想，可
是通过整个作品，通过造型的各部分的和谐
比例关系，就会体会设计者的设计思路和情
感。唐三彩的和谐性也是展示它理性的重要

方面。但是为了艺术美的要求，唐三彩的体态、色彩、风格、大小、神情都是千姿百态的，在每件作品中都是不同的，同时也有设计者的嗜好的原因，和谐中追求变化之美。唐三彩中的马是唐三彩中最为突出的作品，可是马的形态和釉色没有一件作品是一样的。

唐三彩中的马作品非常多，却无一重复

四、唐代物质生活、精神生活的最理想的折射物

在出土的唐三彩人物中，女佣占了绝大部分

（一）充满灵性与人性的三彩人物俑

唐三彩盛行于唐代，以造型生动逼真、色泽鲜亮协调、花纹流畅自然、线条粗犷有力、富有生活气息而著称。唐代经济上繁荣兴盛，艺术上群芳争艳，是我国封建社会最兴旺的时期。唐三彩陶文化折射了唐王朝的政治、文化、生活，它跟唐代诗歌、绘画等其他文化一样，共同构成了唐代文化的主要线索，是唐代物质和精神生活最理想的折射物，从另一个侧面反映了唐王朝的辉煌。距今已有1300多年历史的唐三彩仍驰名中外，深受人们喜爱。

唐三彩种类波及生活的各个方面，包括人物俑、动物俑、碗盘、钵盂、酒器、房屋，甚至装骨灰的壶坛。我们将它大致上分为：人物俑、器皿和动物俑。

唐三彩的人物俑有多种，有文官俑、武士俑、天王俑，还有人首兽身的镇墓俑或镇墓兽。男、女立俑，骑马男、女俑，胡俑、戏弄俑等。文官俑、武士俑、天王俑及镇墓兽统称为三彩四神，一般出土于皇亲国戚和官吏墓中。

人物俑是根据社会地位和等级来刻画

唐代女人以丰满为美

的，各个栩栩如生，形神兼备，比例适度，
形态自然，活泼而具灵性。女俑丰满富贵，
梳各式发髻，穿着色彩鲜艳的服饰；文官
俑彬彬有礼，俯首称臣；武士俑膘肥体胖、
凶悍勇猛；胡俑高鼻深目，炯炯有神；天
王俑怒目威武、虎视眈眈。

　　最值得介绍的人物俑为女俑。在封建

线条流畅、体态端庄的女俑

社会，女人要遵循三从五德、守妇道，受到封建的思想束缚和压迫，女人思想落后、社会地位低下。而唐代，是一个自由开放、经济发达、文化进步的社会，是中国封建社会的黄金时期。武则天称帝时，女人的地位更高了，特别是贵族女性。她们摆脱了封建礼教的羁绊和精神枷锁，充满活力、激情洋溢，追求自我的价值。她们深爱胡装，酷爱骑马，喜爱化妆，痴迷襦裙，梳高髻贴花涧，这也是唐代独具一格的地方。

女俑在着装上，有紧身潇洒的胡服、坦露飘逸的襦裙、露脸高耸的帷帽等奇装异服，甚至出现了女着男装。襦裙是唐代乃至整个中国服饰中最为精彩的，上身穿小衫，下着紧身长裙，裙腰系于腋下，用绸带扎束，红花柳绿的色彩都有；圆领、方领、袒领样样都有，外披罗衫，含羞而简约。到了盛唐时期，来自西域的胡服以短衣、长裤和革靴，紧身方便，受到广大贵族女性的青睐。早在战国时，独具慧眼

衣着华丽的唐三彩女俑

唐代物质生活、精神生活的最理想的折射物

唐三彩女俑形象生动自然

唐三彩女俑

制作精美的唐三彩菩萨俑

的赵武灵王就推行胡服，史有"胡服射骑"
的典故。胡服与中原地区拖拖沓沓的长裙
长袍大相径庭，从宫中到民间广泛盛行胡
式服装。在此风气影响下，女着男装也盛
行一时，这在当时也是极为罕见的。从全
身披冥缡不让路人偷窥，到浅露的帷帽，
后至露面的胡帽，这是女性服装史上的伟
大进步。唐代服饰的发展，正是在于女权
意识的崛起，也反映了唐代社会的自信开
放，兼容并济，博大精深。

唐代物质生活、精神生活的最理想的折射物

贵妇俑头梳高髻，或在扎鬟，脸色红润，体态丰满俏艳；用墨汁描眉，涂朱红的唇，贴花润；或是双手抱于胸前，或是双手下垂；或是身穿襦裙，或是身着胡服；或是戴帏帽，或是身披披帛。神情优雅、光彩照人，透出掩不住的喜悦和高贵。

女俑类中，贴花钿的女俑也让人心醉神迷，既要赞叹它的华美服饰，又倾慕她的别致面妆。唐代的面妆除了在脸上涂上白色的

服饰华美的唐三彩女俑

粉、用胭脂把脸颊上晕染成粉色外，还相当流行把眉毛涂成翠色，额头涂鹅黄，再贴上形状各异的花钿。花钿用金箔、纸、鱼鳃骨等材料剪成各种花样，化妆时用胶施于眉心，花钿有红、绿、黄等多种颜色，红色的最多；形状有桃形、月牙形、圆形等不下 30 种。唐代的面妆娇艳欲滴，醉人心肺。

唐三彩天王俑

唐三彩四神是在人物俑中的压箱之宝，即史书中提到的"四神十二时"，所谓"四神"，即指两件镇墓兽和两件武士俑或天王俑。"十二时"指十二生肖。"四神"大都放置在墓室前部门口，是唐代新出现的俑类。人借助于佛教天王嫉恶如仇、镇妖除魔的威武之气，来达到镇墓之用。镇墓兽则起源于方相神，以奇异恐怖的造型来威震四方，驱除邪恶。

唐三彩四神均出土自墓葬之中，盛行于武则天时期至唐中宗时期，"安史之乱"以后逐渐走向衰落，这与唐代的历史相吻合。初唐时期出土的多为一对武士俑和一对镇墓兽。到了武则天时期，天王俑逐渐代替武士俑，以足踏卧伏小鬼或是足踏卧伏怪兽的形象居多，天王俑的形象来自于佛教的中的"四大天王"，掌管东南西北四个方位，保护死者的安宁，可见当时佛教已深入到唐代生活的内部，影响唐代生活的方方面面。这类俑多为浓眉高鼻、鼓眼、张口怒号、凶神恶煞。

唐三彩武士俑、天王俑，多为头戴盔帽，身穿明光铠甲，胸前和腹部各有一圆护，圆护因多以金属制成，太阳光下如镜子而得名。天王怒目圆睁，身材魁梧，臂膀有力，有怒吼状，一手叉腰或按盾状，一手握拳中空作执物状，双腿直立于不规则半圆形或镂孔高台上，脚踏小鬼或怪兽。在施釉上，用开相法，颈部以上均未施釉，五官彩绘相应的色彩。身体及其他部位以深绿釉为主，间施褚黄、浅绿釉。从各个细节来表现他的雄厚威

唐三彩武士俑

猛、咄咄逼人、气宇轩昂。

镇墓兽一般为人面兽身或是兽身兽面，头长独角，扇子般的双耳向外翻卷；肩生双翼，翅大有力；前肢直立或前伸，后肢蹲踞；尾巴卷曲附在臀后，蹲坐于不规则半圆形台座上。眼球鼓凸、呲牙咧嘴、形象威严、狰狞凶猛。它们眼观八方，耳听四路，具有传奇的力量和魔力；它们威震四方，誓死不屈，有气吞山河之势，除魔除妖义不容辞。

唐三彩镇墓兽

头部不施釉，饰以彩绘，其余周身施以赭、绿、黄三色釉，赭釉为主，间以绿黄。镇墓兽有人面兽身、兽面兽身、双头兽身等，巧妙把人以及猛兽的外形和神态糅合在一起，造型夸张，异常凶猛。怪异威武的外形，斑斓绚烂的色彩，在墓中显得格外的恐怖和阴森，使人望而生畏，仓皇而逃。

唐三彩四神气势凶猛，形态夸张，色彩绚丽，显得更加的光彩夺人，给人无尽的想象，又不失现实色彩，真乃唐三彩中的极品。

（二）浑圆有气魄的三彩器皿

三彩器皿的种类繁多，不胜枚举，常

唐三彩罐

见的有碗、盘等，庭院、作坊、橱柜、牛车之类的模型，文房用品三彩水注、三彩砚也有出土，还有娱乐工具，种类繁多、包罗万象。

三彩器皿中的佼佼者要属有着异国风情的凤首壶、制作复杂的绞胎作品和佛教气息浓厚的三彩罐式塔。三彩器皿是唐代文化的载体，有着唐朝的恢弘气势，精巧的设计不失整体的气魄，单纯的造型中又不失瑰丽的色彩，是整体性和艺术性，概括性和审美性的统一。

凤首壶初唐时已开始流行，因壶口接近于中国古代的凤凰而名扬天下。凤凰文化也是我国古代文化之一，中华民族对凤凰的崇拜不亚于对龙的崇拜，把所崇拜的所有自然物的特征集凤凰于一身，代表人们对未来的美好凤愿。开唐以来，西域和外国的一些器皿传入了大唐，给唐三彩注入了新的活力和艺术元素。在造型上，凤首壶吸纳了波斯王朝金银器的外形，取凤首状；制作工艺上，中外合璧，海纳百川，使凤首壶展示了它所独有的艺术魅力。三彩凤首壶常在头部装饰以高冠大眼的凤头，口中含奇石稀宝，壶腹部浑圆饱满，如意型的执柄，中心贴宝相花、莲瓣装饰。壶底为平底，显得稳重大方，典雅脱俗。凤首壶先经模制，而后做胎体装饰。总的来说，凤首壶的造型是由"胡器"发展而来，是唐三彩陶器中常见的器形，是对外来文化的创新，也体现唐代的艺术特色。

唐三彩器具

绞胎瓷器是古代陶瓷装饰工艺中最为特殊的品种。工艺繁缛复杂，难度巨大，产品种类及数量都屈指可数。绞胎工艺产于唐代，至宋代蓬勃发展，元以后逐渐衰亡。绞胎器一般是将两种不同颜色的陶土

唐三彩花瓶

混合，针对唐三彩来说，主要是白、黑或白、褐、黄这几种。把制好的泥料分别擀制成不同颜色的泥块，然后把泥质的板块叠加在一起，制成新的泥料。再经过绞揉、切片等繁琐复杂制作工艺，坯体方能呈现出白褐相间的，类似年轮或行云流水式变化多端的纹理。经过第一次的低温素烧，上釉焙烧即成绞胎器。

绞胎器多为长方形小枕、杯，三足小盘、碗、罐等稍大的器皿较少，最为稀罕的是马俑。绞胎器所见花纹如繁星之多：有的似年轮，有的似羽毛，有的似紧蹙的花朵。三彩四神是唐三彩力量和勇气之美，而绞胎器给唐三彩增添了妩媚之气。由于绞胎作品制作复杂，工艺繁多，有的是局部的绞胎，有的则是表面的，像长方形小枕绞胎面只占枕面厚度的三分之一，其余为白胎。绞胎器别致的造型，独特的工艺，点缀上变化无穷的纹理，使我们瞠目结舌，引以为豪。

要介绍三彩器皿就不能忽略了塔式罐。塔式罐又称塔形罐，是唐中宗至唐末在墓葬中常出现的一种陪葬品，亦即五谷仓，是中国传统丧葬观念与外来佛教文化相结合的产物。一方面人们相信在另一个世界仍然要生活，需要生活用品；而另一方面人们要利用神的力量，得到来世的超度。塔式罐造型奇特，由佛教中的窣堵坡而得名。唐代对佛教的喜爱已经达到了痴迷的程度。在唐代佛寺林立，士大夫都信奉佛教。唐代把佛教中的文化元素融入唐三彩的设计和制作当中，唐三彩的塔式罐就这样诞生了。

塔式罐自上而下分为罐盖、罐腹及底座三部分，一般为小口、圆唇、鼓腹，下腹斜收。文饰图案有宝相花、卷云、仰覆莲等，有的还堆塑兽首等，或直接在器表压印凹弦纹。花纹交错辉映、相间有致、

早在唐代初期唐三彩就声名远播

唐代物质生活、精神生活的最理想的折射物

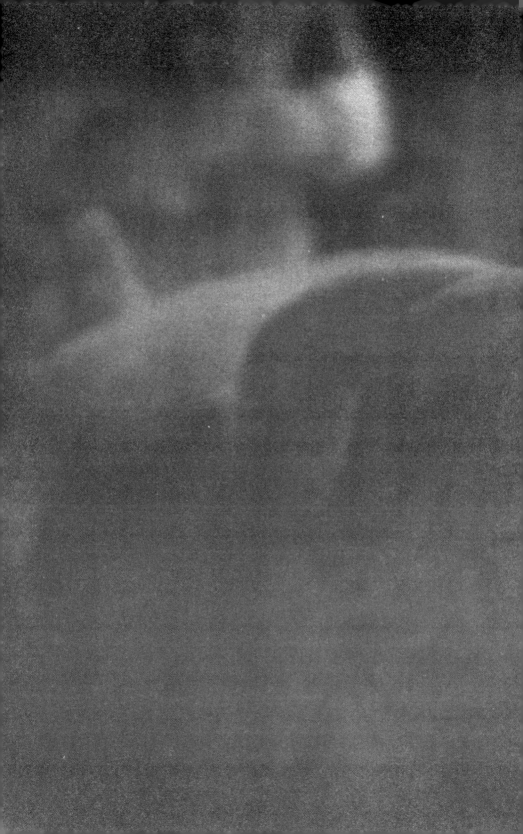

自然和谐。塔体一般多为60厘米高，最高可达170厘米，多出土于两都地带，甘肃也有所出土。令人费解的是，唐代当时经济相当发达，但至今尚未见南方有塔式罐出土，这真是一个难解之谜！

塔式罐的制作手法复杂多变。罐身是设计者用自己熟练的轮制手法一气呵成，像莲瓣装这样的饰品用精雕细琢的捏塑法。而兽首、龙头则用模制，再用泥浆将这些饰品一件件地黏结成型，经过素烧、釉烧之后一件件上乘的珍品就问世了。一般以绿色为主，配以黄、蓝、褐等色，这釉色相互融合、穿插，相互映衬。繁花似锦的釉色，更能彰显塔式罐的独特艺术魅力。塔式罐是佛教文化、美学艺术与陶瓷艺术的完美组合，彰显了唐三彩非凡的艺术魅力，同时也闪现着设计者博采众长的创新精神。

唐三彩作品对于一些小动物的刻画也是栩栩如生

（三）姿态万千的唐三彩动物俑

唐代是中国历史上最强盛的时代，唐三彩也是其中辉煌的一部分。我国历来有用陶瓷俑来当陪葬品的习俗，到了唐代更为突出。其中有一些鸡、鸭、鹅等小动物的俑类，但是最多的是马和骆驼。唐代的开放程度是人们无法想象的，对外贸易发达，商旅频繁，交往活跃，对骏马和骆驼情有独钟。设计者最乐意用千姿百态的马和骆驼的造型，配以瑰丽华美的色晕，来表达自己的素养及对生活的热爱。

马在作战时用来拉战车、当坐骑；马是当时的交通运输工具，各地设立驿路与驿道；打马球、狩猎、赛马等娱乐活动也离不开马，它受到了贵族的爱戴，在日常生活中不可缺少。唐代马的艺术作品很多，以昭陵"六骏"最为有名。唐三彩中的马俑不计其数，神态万千，或蹲或立、或奔或腾、或跑或引、或惊或跳。唐三彩马造型完美、肥硕雄健、骨肉清晰、比例准确、鞍鞯齐全、披饰华丽。静中有动，动中带静，通过细节刻画来显示唐三彩马内在的精神和韵味，尽显唐代气魄。

"丝绸之路"是中国对外贸易的纽带，也是中西文化交流的纽带。通过"丝绸之路"，外国的商队络绎不绝地来到长安，他们用膘肥体硕、高大强劲、吃苦耐劳的驼队，从遥远的西方带来了香料、金银，从长安带上东方的丝绸、茶叶和陶瓷，又踏上悠悠古道，茫茫的戈壁滩。在大漠重山之间，在风霜雨

在出土的唐三彩动物中，以马和骆驼为多

雪之际，骆驼是他们最好的朋友。骆驼既是往来商客的坐骑，又是商品物资的运载工具。因此，骆驼成为唐三彩中常见的表现题材。三彩驼形体高大、神情刻画准确、釉色明亮、釉料自然流淌，至今令中外人士爱不释手。

健壮的唐三彩马

古代用狮子来进行艺术创造的作品也很多，在宫殿、庙宇、陵墓门前都塑有高大威猛的雄狮的景观。这是中华民族的传统艺术风尚，也是炎黄子孙的习俗。在唐三彩艺术作品中也常见有狮子。在唐朝以前人们把狮子刻画成有着神奇力量的怪兽，给人们一种畏惧感，更多注重狮子的神性，传递森严气氛。随着佛家的传入，人们开始对狮子进行美学艺术加工，不再是对狮子图腾崇拜。因此，三彩狮子更加写实，更具人性化，向着情趣化方向发展。既不改以往的高大威武、气势轩宇的体态，又追求造型的多变，活泼可爱，常有张开蹄子用爪挠痒和啃舔戏耍等憨态可掬的生活场景。以绿釉为基本色调，夹着黄、褐等釉彩，富丽堂皇，绚丽多彩。可见唐三彩狮子追求个性张扬，体现唐代的自信、创新、开拓的精神。

骆驼是古代商人运输的工具

　　在唐三彩的动物俑中，有姿态万千的马，骡子和驴的作品实属稀少。骡子和驴虽不能像马一样奔驰在草原上，但耐力强，且性情温和，对于平民百姓和士子大夫，都是首选的交通工具。古代骑驴多为隐逸之士的奇特行为，表达了他们的愤世嫉俗、辛酸不堪。在出土的唐三彩中，唯有一件骡子的形象。大家都知道唐三彩以黄、白、绿色为基调，而此骡蓝彩占上风。据说唐三彩中呈蓝色的钴料，是从波斯进口的，所以人们常说"三彩贵蓝"。在造型上，骡驼着沉重的货，鞍鞯简单，无作过多的华丽装饰，头部微微低下，有休憩之义，也似等待主人即刻上路。设计者兼顾外形和神态，既要求形象逼真，又要求传神，朴实自然。

　　种类繁多的动物俑中各种精致的小作品也别具风味，如三彩犬、三彩鸡、三彩羊、三彩蛙、三彩兔等，应有尽有。工匠们用独有的慧眼和巧手，既对物体真实描绘，又不拘于写实；既运用传统的陶瓷艺术，又超越前人的技艺，创造出了大量生动逼真的动物俑。既有现实主义的色彩，又具浪漫主义的气息。这正是唐三彩的旺盛生命力所在，也是特有的魅力之处。

五、不同地域的唐三彩

唐三彩的产地为西安、洛阳、扬州，他们又是陆上和海上丝绸之路的联结点

（一）唐都西安及陕西地区出土的唐三彩

西安与雅典、罗马、开罗并称为世界四大古都，先后有 13 个朝代在西安建都，西周、秦、西汉、唐，都是西安的辉煌时代。唐代延续了刘邦定都关中时的长安，意"长治久安"。丝绸之路开通后，西安成为丝绸之路西去的起点，史称"西有罗马，东有长安"，足可见其在古时的地位。

西安有着悠久的历史和丰富的人文财富。在这里，可以看到沧桑的古城墙、秦兵马俑博物馆、半坡遗址、仰韶文化和龙山文化的遗址、石质书库的碑林，以及大雁塔、

地中海沿岸和西亚的一些国家都曾经出土过唐三彩器物碎片

唐三彩仕女

小雁塔等标志性建筑。"五千年的历史看西安"，此言不虚妄。西安这座历史古城记录着中华民族的沧桑巨变，也抒写着唐三彩的历史沉沦。在西安、洛阳、扬州、太原、朝阳等很多地区都有唐三彩出土。唐三彩浑圆饱满，雍容大度，富有生命力和感染力及鲜明的时代特征，但这其中也有地域差异。

西安是唐代西都，出土的唐三彩数量多，代表性强，都是唐代的活化石，尤其是造型较大的作品，更能凸显一代帝都的气势。陕西地区出土的唐三彩种类纷繁复杂，有栩栩如生的人物俑，有形象逼真的动物俑，有爱不释手的器皿。出土的文官俑、武士俑、天王俑、镇墓兽、骑马俑、骑驼俑不胜枚举；三彩马、三彩驼、三彩鸡、三彩狮不计其数；房屋、楼阁、灯、枕、盆如数家珍。西安是当时政治、经济、文化中心，而且皇亲国戚、达官贵族都在西安居住，其奢靡的陵墓也在西安境内，此地出土的唐三彩色彩鲜艳、制作精美、神形兼备，很可能都是"贡品"，艺术价值和收藏价值都相当高。

唐三彩人物形体圆润、饱满

距今 1300 多年的陕西临潼县唐庆山寺塔基地宫，出土了一批珍贵的盛唐佛教文物，这是首次出土三彩供盘和三彩南瓜。俗语云："南瓜不敬佛"，在事实面前此话不攻自破了。南瓜出于宝帐前的三彩盘内，两侧盘内盛玻璃供果。三彩供盘高不足 4 厘米，直径 20 多厘米，盘为平沿，施绿釉，用点釉的方法，点缀上排列整齐、规则统一的小白点，盘的正中央还刻有花。供盘中规整地放着像拳头大的南瓜，形状像桔瓣，以黄褐釉为主，夹有绿釉。南瓜造型是唐三彩造型的独创，设计者凭着自己超群的焙烧技艺使其形象尤其逼真。盘与南瓜的比例和谐，造型生动，又弥漫着一股清新的艺术气息。

唐三彩南瓜

说到陕西出土的唐三彩，就不能不说在陕西省长安县南里王村的一座唐墓中出土的双鱼壶。这种壶是一种酒器，在晚唐时比较流行。鱼为余谐音，人们取其富贵有余之义，古往今来中华民族喜欢好事成双，此壶寓意深刻。该壶高 25 厘米，壶身由两条腹部相连的鲤鱼共同托起，两鱼吐泡形成壶口，鱼尾卷曲为壶底。此壶造型推陈出新，腹部线条自然流畅，不露半

在我国各地出土的唐三彩，题材也有所不同

点人工雕琢之痕，且生活气息浓重。壶身通体施褐、蓝相间的釉色，鲜艳夺目，无可挑剔，犹如一条圆浑肥硕的鲤鱼要跳出龙门。

西安西郊出土的唐三彩辟雍砚台也颇为罕见，是模仿古代建筑辟雍而制作的。辟雍又作壁雍，本为西周皇帝为教育贵族子弟设立的大学，四周有水，形如璧环。贵族子弟要在那里学习礼仪、音乐、舞蹈、诵诗、射箭、骑马等技艺。辟雍也作为礼仪、祭祀所用。该砚台大致为圆台形，高约3厘米，上部直径4厘米，下部直径5厘米，中间是砚面，四周凹槽，底部中空，用狮子模样的兽形柱围成，柱与柱之间镂空。砚表面为褐色釉，整体为三彩釉，小巧玲珑、素雅清气、重心平稳，是三彩作品中的极品。

在陕西西安西郊中堡村唐墓中出土的三彩骆驼载乐俑，出自开元年间，是三彩载乐俑中的珍品。骆驼高约50厘米，驼身施白色彩釉，只有颈部和前腿的胯毛及尾部涂以赭黄色，简单大方，清新淡雅。设计者最为巧妙的是在驼背上雕塑一个架台，台上又搭上一块长方形蓝边花格毯子，在这个小小的舞台上，8位表演者如痴如醉地尽情表演。7个神态各异的男乐俑坐在架台的四周，他们

唐三彩马

身着圆领窄袖的胡服，高约 12 厘米。有
人捧笙，有人执箫，有人双手抱琵琶，有
人弹竖琴，还有人持笛，最后一人手拿拍
板。中间站着一个翩翩起舞的舞女，头梳
高髻，面目红润，昂首挺胸，右手前举，
左臂抽袖。一派欢乐祥和。

　　整个载乐俑是分塑合成的，骆驼和乐
舞俑分别独立成型，然后再用泥浆粘连在
一起。骆驼和乐舞俑浑然一体，釉料和胎
体密不可分，真可谓中国古代陶俑艺术之
极品。骆驼造型雄健有力，舞俑、乐俑体
态丰满、刻画细腻、形象生动，被评为国

不同地域的唐三彩

宝级文物，藏于陕西历史博物馆。

此乐俑所持乐器出自西域，而演奏及舞蹈者皆为汉人，他们应该在演奏"胡部新声"。在当时那样多元的社会，西凉、龟兹、高昌等少数民族音乐纷纷传入中原，唐人吸收了西域音乐的养料，突破了原有的歌曲、舞曲的形式，经过改良在开元天宝年间创造出唐代大曲，其中一部分"胡部新声"受到时人的极大追捧。从宫廷到市井，从达官到百姓都在传唱此音乐，"胡部新声"在长安风靡一时，引起极大的反响。这小小的驼背成为了唐代生机勃勃、海纳百川的缩影。中西文化的交流也促进了中国音乐长足发展。

唐三彩马

历代都有用陶俑来陪葬的，秦始皇陵墓中的兵马俑，形体高大。位于陕西乾县的唐代懿德太子李重润墓出土的三彩绞胎骑马狩猎俑是绝世之作，迄今为止仅此一件。懿德太子李重润是唐高宗的次子，被武则天逼杀。唐中宗复位后，封为以雍王，葬于乾陵。墓中出土了很多大型文吏俑、武士俑及驼、马、镇墓兽等，造型优美，釉色透亮，姿态万千，这些都是唐三彩中的精品。此俑捕猎者和马身上的纹理用的

唐代佛教盛行

都是工艺复杂的绞胎手法，即先把双色的泥分别做成泥板，再把泥板混合，而后切成薄片贴于胎体表面，入窑经过高温加热成为素烧的样品，再刷上透明的油料制作而成。马雄健有力，神态逼真，人俑骑在马上做狩猎状，是不可多得的形神俱佳品，是旷世奇珍。此俑把唐代的生活习惯、思想观念、社会习气表达得淋漓尽致，也从一定侧面彰显了中华民族豪迈、自信的民族性格。

唐三彩的作品多为俑类，山水池是唐三彩作品中的精品。在陕西省西安西郊中堡村唐墓中就出土了一件山水池作品，这是三彩住宅模型的一部分。这座高不到20厘米的山水池与其他的唐三彩相比，更为清新淡雅，赏心悦目。在层峰跌宕的群山

古乐俑

唐三彩女俑

中，绿树丛生，鸟语花香，山脚有水池，峰池相接，水池如花瓣形，池水清澈见底，好似"飞流直下三千尺，疑是银河落九天"。清脆的树木，小鸟在池畔嬉戏，好一幅生机勃勃的自然景色。满山施翠绿色的釉料，池中不施釉，露出白色的胎体，鸟为褐色，整个山水池色调明朗质朴，翠色可滴，没有任何的做作之意。我们从山水池可窥整个花园，乃至主人生前的生活，主人生前应该生活富足，精神生活也是丰富多彩。这座山水池对研究唐代的园林艺术有一定的参考价值。

（二）东都洛阳及河南地区出土的唐三彩

　　唐代是中国古代最为繁荣的时期，是世界上的泱泱大国。至今人们还会情不自禁地敬仰唐代帝王治国精明之道，欣赏唐代所创造的物质文明和精神文明，羡慕唐代生活的富足、文化的繁荣，崇尚唐代奋发向上的精神。唐三彩正是从各个方面表现和展示着唐代的博大精深。唐三彩在中华大地都有出土，最为有名的当属河南洛阳出土的唐三彩。洛阳是唐代的东都，洛阳出土的唐三彩圆润饱满、做工细腻、形态逼真、动感十足，因而誉满中外，被古今中外的人所追捧和收藏。

东都洛阳位于河南西部，是仅次于京都长安的第二大都市。它依山傍水，峰峦跌宕，寺庙众多，垂柳成荫，景色宜人。唐朝帝王在洛阳修建金碧辉煌的宫殿，处理政务。武则天时建都洛阳，改东都为神都。洛阳城繁华热闹，人口众多，经济繁荣，是唐代的政治、经济、文化中心。洛阳有国色天香、姹紫嫣红的牡丹花；有世界遗产龙门石窟；有佛教的发源地白马寺；有嵩山少林寺名胜；有白云山、龙峪湾、老君山等风景区；还有"北国第一溶洞"鸡冠洞。洛阳既有秀美的自然风光，也有浓重的历史古迹，兼具南北自然风光之神韵，又是历史名城。

在洛阳出土的唐三彩，也有很多既能体现精湛的工艺，又能体现时代特征和精神风貌，还能折射民族风尚的作品。首推是在河南洛阳新安县十里村出土的三彩鸳鸯壶。鸳鸯是最美的鸭子，唐诗中曾写道"愿做鸳鸯不羡仙"。鸳鸯经常双宿双飞，相互嬉戏游玩，无忧无虑，令人羡慕不已。此壶在造型上突破创新，不拘于传统，壶身由整个的鸳鸯来代替，在鸳鸯的背上开

唐三彩佛像

不同地域的唐三彩
089

一椭圆形的口用来装水。鸳鸯紧紧地卷起自己的尾巴，伸着长长的颈，整个造型由一个长方形的底板托起，稳重大方，具有浓厚的生活情趣，而又不失大雅。洁白的头部，深绿色的羽毛，加以腹部褐色的釉色，色调协调、釉色融合、晶莹剔透，不失为一件难得的珍藏品。

在唐三彩的作品中，人形尊是为数不多的作品。在洛阳吕庙出土的三彩人形尊可是大放异彩，光彩照人。尊流行于商周时期，尊的基本造型是敞口、长颈、圆腹或方腹、高足。表面多雕着纷繁复杂的云雷纹、兽面纹，显得雄浑而神秘，是酒器，有时也用做宫廷摆设的装饰品。此尊高约15厘米，用人的形体来作尊的外形是此尊最大的看点。尊口用荷叶来充当，人双手高高托起尊口，一腿坐于墩上，一腿盘于其上，形态憨态可掬，叫人称绝。尊全身以黄、白、褐、绿交融互补，这种奇异的造型从侧面说明了唐代生活富裕，衣食无忧，人们才能充分发挥想象，创造更多、更优秀的作品。看到此尊，对设计者的敬意就油然而生，既要佩服他的设计思路别出心裁，又要崇拜他的工艺技术高超过人，施釉技术也是无可挑剔。此尊的

盛唐时期是唐三彩的极盛时期，品种丰富多彩

艺术价值和使用价值毋庸置疑。

唐三彩是中国陶瓷艺术发展的顶峰时期，数量、质量是任何朝代都无法比拟的，制作工艺美轮美奂。我们现在说说唐三彩中的小器皿——三钱柜。在唐代的家具中柜子是极为常见的，春秋战国时期已有柜出现。唐代的柜子种类繁多，大小不同，形态各异，有钱柜、衣柜、药柜、食物柜、化妆柜等，钱柜大约和凳子一样高，柜面有一条长 10 厘米左右的槽口，钱币可通过柜面的槽中投入，平时可以当凳子坐。

唐三彩佛像

唐三彩的钱柜在造型上独具一格，宽大厚重，浑圆丰满，也是唐代博大气势、富丽堂皇的风格特征的完美体现。在洛阳市金家沟出土的唐三彩钱柜为长方形，周身雕以花饰，采用贴花的手法，前后面装饰蛙纹和兽面，左右两侧则用兽面和莲花瓣来装饰，柜盖上有几何图案，柜子的腿粗壮有力，柜面也有一个小的槽口，可以用来投钱。整个三彩钱柜装饰有黄、绿、褐色的釉料，底部不施釉，自然清新、质朴典雅。

唐三彩在生活中都能找到原型，例如盆式炉，它出土于河南洛阳李楼下庄唐墓，因炉是用盆的样子来充当，顾名思义称盆

唐三彩双鱼壶

式炉。古代的人们重视礼仪，祭祀祖先，供奉神仙和佛祖，炉都要排上大的用场。炉就是古代人们用来焚烧香炭的容器，平时在书房还可以用来取暖，用来熏衣，是不可缺少的生活用品。古代有熏炉、香炉、手脚炉之分。此炉在设计上采用写实手法，又融入了浪漫主义的元素。这个炉身高不足 10 厘米、炉口直径仅有 14 厘米，它的造型和施釉上都是可圈可点的。此炉敞口，圆圆的腹部用

弦纹来装饰，简洁大方，大气内敛。最引
人注目的是炉足的造型，由5个小鬼站立
于环形底座之上，小鬼的面目狰狞，凶神
恶煞。在蓝、赭、白、黄等釉色的相互映
衬下，釉色斑驳陆离，釉层极薄，釉色透明，
有玻璃般的质感。无论在造型还是釉色上
这件盆式炉都是无可挑剔的，都是唐三彩
的珍品。

　　火是人们生存必要的条件，无论是照
明还是取暖都是必不可少的。在很早的时
候，人们学会了钻木取火，这是人类发现

唐三彩题材贴近于人们
的生活

不同地域的唐三彩
093

唐三彩四大天王像

的第一个光源。随着时间的推移，到了战国时期，出现了叫做"豆"的陶制餐具，类似于今天的烛台。"豆"上面有个盘状的东西，人们在这里放上灯芯和油来制成简单的照明工具。"豆"有高高的柄，柄的下面有扣碗状的底足。"豆"的造型与河南洛阳吉林区出土的三彩灯的造型基本上是一致的，只是多了很多唐代的艺术元素和时代特征。三彩灯高达 50 厘米，这种高大的作品在唐三彩并不罕见，但是这种造型的灯却是独一无二的。三彩灯由座、柄、盘、盏四部分组成。扣碗状的底座，稳如泰山；竹节状的灯柄，节节高升；灯盘由吉祥如意的仰莲连接，而灯盏置于仰莲的中央。底座用贴花的方法，用漂亮的贝壳、精灵古怪的兽面来装饰。这样的造型在三彩的塔式罐中运用十分广泛，用来塑造灯的造型实不多见。釉色也是多于三彩，有白、黄、绿、赭色等，是稀世珍宝，价值连城。

唐代经济繁荣，文化交流空前绝后，世界各国前来朝拜大唐，来唐留学进行学习上的交流和贸易上的往来。在唐代有专门接待外宾和西域兄弟民族的机构，像史书中的礼宾院。在洛阳及其他地方出土的三彩胡人

唐三彩乐俑

俑，足以看出唐代对马的情有独钟和不解之缘，这也正是唐朝对外开放、频频外交的实物见证。胡人俑一般多为八字胡，深目高鼻，有着汉服的，但多穿胡服。

洛阳出土的三彩胡人牵马俑及三彩马也是胡人俑中常见的题材。因为在当时胡人来唐朝纳贡，马是必备的交通工具。三彩马高大健壮，体肥雄劲，有 80 厘米高，

唐三彩在全国许多
城市均有出土

昂首挺胸地站立于长方形的底板上，冲天鸣
叫，鬃毛整齐，饰品齐全，生动形象，再点
缀上卷尾的动作，使马的忠诚、顺服再现在
世人面前。牵马俑高 60 厘米，凹陷的双眼
炯炯有神，头戴毡帽，圆领对襟的外套，窄
口裤，尖头靴，双手握拳，好似牵着马行走
在漫漫黄沙飞扬的"丝绸之路"上，也展示
了牵马俑不畏艰难、跋山涉水要去领略唐代
风范的精神。

（三）陕西和河南出土的唐三彩的异
同

在盛世万象的唐代，西都西安和东都洛

阳都是世界上的大都市，两个地区出土的唐三彩都是低温釉陶的代表，但是由于用料和地理位置等原因，陕西和河南出土的唐三彩风格各异，明显有着自己的特点。虽说是两都但帝王更多生活在西安，达官富贵也多居于西安。众所周知唐三彩的主要作用是作为明器，所以陕西出土的唐三彩较河南出土的唐三彩数量更多、种类更多。杂技俑、房屋、楼阁的模具在洛阳未见，只在陕西境内有所发现。但是洛阳也是唐代政治、经济、文化的中心之一，也出土了大量精美绝伦的唐三彩，我们不能说洛阳出土的唐三彩的价值就低于陕西出土的，只能说各有千秋，不分上下。

唐三彩骆驼和外国商贩

陕西地区出土的唐三彩一般胎色泛红，釉彩较为淡雅，多为淡绿、淡黄，形体丰满健壮，从那些强劲有力的武士俑就可以看出；在造型上更加重视写意，加入的艺术元素更多；河南地区出土的唐三彩胎质洁白细腻，色彩鲜艳浓重，釉料交融流窜，造型比例适中，胖瘦适度，重在写实。在质地上，陕西出土的唐三彩可能由于土质的原因，胎体较河南出土的要松软一些。在作品出土的时间上，陕西地区出土的包含了整个唐代的唐三彩作品，而河南地区至今为止都未见有初唐时期的唐三彩出土。可能是因为东都洛阳建都较晚，也可能与唐三彩的兴衰有关。但总体来说两地区的唐三彩在制作手法、造型设计、釉色装饰都是相互影响、相互借鉴的。

（四）全国各地区出土的唐三彩

唐三彩在全国许多地方都有出土。陕西和河南境内的不用再多提，唐代的窑址也都集中在陕西西安、河南洛阳附近。在扬州、内蒙古、辽宁等地区也有唐三彩的出土。扬州地区的唐三彩也美不言传，是稀世珍宝。扬州也是著名的历史古城，有着两千多年的

随着唐代的衰亡，唐三彩产品的数量也急剧下滑

历史，在汉代崭露头角，到了唐代蒸蒸日上、雄冠天下。扬州经济繁荣、景色秀美、文化璀璨，艺术建树当然也很高。在扬州唐墓中出土的唐三彩有三彩盂、三彩双鱼壶、三彩三足炉、三彩玩具等。三彩三足炉是唐三彩中常见的造型，圆腹、平口，口边沿外翻，有三个兽足来作为支撑，有一个宝相花做的圆盖，整个器皿饱满圆润、强劲有力、色彩斑斓、层次错落有致。扬州是江南水乡，多有三彩双鱼壶这样的作品，这也体现着南北陶器作品的不同，南方多为水生动物鱼类等小的作品，而北方多为陆地上的动物，如马和骆驼等大型的艺术品。在扬州出土的唐三彩更加的松软吸水，胎体也较为粗糙，不如西安和洛阳等地。其以绿釉为主，由浅绿、中绿、深绿等色调来表现江南水乡的素雅和恬静。

三彩三足炉

扬州地区保存的唐三彩

在资源丰富的辽宁辽阳地区出土的三彩三足罐，造型美轮美奂，釉色绚丽无比。江苏常州的三彩瓶，釉色鲜艳，做工精美。昆山南港唐墓出土的三彩枕也是绝无仅有的作品。中原地区山西太原出土的三彩牡丹纹印花瓶、三彩带盖圆盒，三彩炉及三彩贴花小瓶，在做工和釉色、纹饰上都不

不同地域的唐三彩

唐三彩四大天王像

亚于陕西和河南的。甘肃泰安县地区发现的
随葬器物 180 多件，主要是三彩俑、镇墓四
神等，马和骆驼肯定是不会少的。江西、湖北、
广州均有唐三彩出土。

唐三彩有着不凡的气度和华贵的外衣，
是大唐文明孕育的独特文化象征，是不可多
得的艺术成果，是中国陶瓷史上华丽的篇章。

六、唐三彩的发展及外来文化的融合和吸收

宋代唐三彩

唐三彩在中国陶瓷史上占
有一席之地

唐三彩

（一）唐三彩的发展

唐代是陶器发展的顶峰，其间创造了数以万计的珍品，其他国家追随其后，望尘莫及。到了宋代，唐三彩这样的陶器作品的统治地位已不复存在。瓷器以清洁美观、精巧细腻、玲珑剔透、坚硬耐用、不吸水且有清脆悦耳的敲击声占据了陶瓷艺术的舞台，它是实用性与艺术性的完美结合。众所周知，宋朝也是封建社会经济、政治、文化、艺术高度发达的时期。衣食无忧的物质基础和稳定的政治环境提供了良好的社会氛围，宋朝陶瓷业就此蓬勃发展起来，瓷窑遍布全国各地，闻名于世。五大名窑生产的瓷器就是在技术发达的今天也不能与之相抗衡。

虽说到了宋瓷在大江南北大放光彩的时候，但是凝聚着古人智慧结晶的唐三彩也未销声匿迹，还有一些特殊的陶器品种仍然以自己独特的魅力，在陶瓷史占具一席之地。宋、辽、金三彩器和明、清至今的紫砂壶、琉璃釉陶制品、法花器及广东石湾的陶塑等，这些陶器作品造型奇特、色泽光润、独领风骚。在唐三彩的发展史上宋、辽、金三彩和琉璃釉陶制品、法花器都是值得仔细探究的。

到了天宝时期，唐玄宗腐朽奢靡，不顾

江山社稷，宦官干政，不久就出现"安史之乱"。唐代灭亡之后，进入了更为糟糕的五代，当时战争频繁，政权不稳，民不聊生，更不用谈艺术、文学的发展。北宋的建立，结束了五代的战乱和纷争，陶瓷业才得以发展。"宋三彩"是对宋朝制作的低温铅釉陶的统称。它是对唐三彩的继承和发扬，是用泥土做胚胎，用含有铁、钴、铜、锰等金属元素的物质作为着色剂，用铅做助溶剂，经过选料、塑型、素烧、釉烧等步骤制成的艺术作品。

宋三彩与熠熠生辉、光彩耀人、富丽

刚出土的唐三彩

宋三彩斗笠碗

堂皇的唐三彩相比，不论从造型还是从工艺上都不能相提并论，但是宋三彩的刻划花填彩装饰手法，使其釉色规整统一、清晰透亮，不见釉色的流窜和交融，画面更为生动活泼。刻划花填彩是在唐三彩的刻花、印花、镂空、雕刻、捏塑的基础上，独创的一种新的装饰方法。这种方法是在素烧后的胎体上，用精炼娴熟的技术在胎体的表面刻画出设计好的图案轮廓，然后根据图案色彩，填以不同的油彩，再经第二次高温烧制。在釉色上比唐三彩更多，以绿、黄、褐色为主，兼有白色和酱色，并新创一种翡翠釉。胎体泛白，质地疏松，远不敌唐三彩。有盆、碗、灯、盂、盒子、瓶、枕等日常用品，还有一些小玩具如小狗、小猪等，也不乏见有舍利塔等建筑模型出土。宋三彩在河南的登峰、禹县、宝峰、鹤壁等地均有出土。不见大型器皿的出现，可见宋三彩更多注重三彩的实用功能。

宋三彩太狮少狮摆件

辽与宋是同一时期的政权，是契丹族在我国北方建立的一个强大的政权。他们是草原上的强族，疆域辽阔，与宋共享一时的繁华。这个强大的政权创造了丰富的辽文化，他们继承了唐三彩的传统，又加入了契丹的游牧风情，同时拿出大草原的大度气势，融合了中原和牧民的风格于一身，创造出了"辽三彩"。"辽三彩"中常见的盘口瓶、方碟、鸡冠壶、三彩海棠盘等，多是仿造契丹传统的皮制和木制的器皿烧制而成，颇具民族风格。

赤峰是辽文化的发祥地，辽三彩多出土于赤峰缸瓦窑。在赤峰缸瓦窑出土的三彩釉陶器，胎体呈淡红色较粗且有杂质，装饰手法有印花、划花、捏塑等。釉色继承了唐三彩的基本色调，但无蓝色。唐三

金三彩

彩的那种点、撒施釉，使釉料自然交融，釉面流淌，营造出绚丽无比效果的施釉方法在辽三彩中未见。辽三彩更喜欢用以釉料装饰花纹的方法，釉色限于饰纹中，整齐规律。在数量和质量上，辽三彩都不能和唐三彩媲美，但是辽三彩也有自己独特的艺术特点，它也是我国古代陶器艺术中的一朵绚丽无比的花。

公元12世纪，女真人崛起，先后征服了北方多个少数民族，灭了辽国和北宋，建立了金朝与南宋对峙，占据半壁江山。金代生产的低温釉陶"金三彩"，也继承了中国低温釉陶的制作方法，但有鲜明的个性特征。陶质胎体用刻画方法进行装饰，用力均匀，釉色浓厚纯正，流畅自如。多为生活日用品，陶器作为明器的作用已退出历史舞台。在河南巩县、禹县、宝丰和磁州窑等均有出土，金三彩以枕居多，可见传统的陶瓷工艺深深植根于这些地方，对低温铅釉陶的发展有着不可磨灭的功劳。

到了明清时，出现了一种釉面细润亮丽，色泽清新雅致，装饰挥洒自如的三彩艺术品，称为素三彩。它以黄、绿、紫三色为主调，不见红釉的出现，显得典雅新亮，不像唐三彩那样风风火火。素三彩不是只限于主色调，也有黑、白等色的加入，清新亮丽迎面而来，也不失视觉享受。素三彩始于明代正德时期，盛于清代康熙年间，并于康熙年间发展到极致。素三彩汲取唐、宋三彩的制作工艺，不仅发展出了异彩纷呈的釉色，而且孕育了新的陶瓷装饰艺术和种类，使陶瓷艺术发扬光大。素三彩瓷化程度高，实用性强，制作更加精美。制作手法也是先在素胎上刻好各式的花纹，再在素胎上浇上地釉。为了达到美化的效果，再去除花纹中多余或粗糙的地釉，按需要给文饰图案填绘，经二次低温烧制而成。

明代正德年间的海水蟾蜍纹洗，是素三彩作品中的珍品。洗是古代文房用具的统称，类似于现代的盆，多为敞口且内敛、圆腹，带边沿，使用方便，平底，有短足。最为可贵的是此洗的构思，用斜纹绘制出一片汪洋大海，在微风扑面的大海上，刻画有 16 个嬉戏的蟾蜍，造型简洁而别出心裁，不落俗套。从装饰上，一眼就可以看出采用的是刻划花填彩法。在釉色上，采用黄、绿、白、紫色的基本色调，是成熟的素三彩作品。深绿的大海，黄色的蟾

素三彩海马纹碗

唐三彩的发展及外来文化的融合和吸收
107

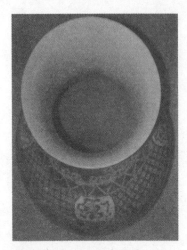

康熙黄地素三彩九凤
纹观音尊

蛏，白的浪花，洗口和足用紫彩来绘制，在口沿还刻有"正德年制"的官款，足见这件素三彩的弥足珍贵了。

康熙年间的素三彩是极负盛名的，不论官窑还是民窑的陶瓷，品种繁多，工艺标新立异，出现了百花齐放的景象。康熙三彩大大继承了前代的陶瓷工艺，又在此基础上发展创新，配制出了一种新的釉色——蓝色。最为突出的有黄地紫绿彩，高贵典雅；白地三彩，清澈平润；虎皮三彩，变幻莫测。素三彩包括日常用品瓶、罐、盘等，也有类似于唐三彩俑的作品，胎体致密，釉色鲜亮滑润，纹饰层次分明，图案清晰。施釉的方法多样：有先在素瓷胎上直接加彩，后罩一层"雪白"，再入窑低温烧制；有的在白釉瓷器置上地色，再绘素彩。康熙三彩具有很强的时代性，是稀世珍品。

素三彩是在唐三彩的基础上发展而来的，是工匠们总结前人的技术，又经过创新所创作出来的，胎面色泽更为晶莹，画面精致，工艺繁缛之极，但是它们还是有很多区别的。简单地说，唐三彩是陶器，胎体未瓷化，是低温的釉陶；而素三彩是瓷器，胎体完全瓷化，在高温下烧制。在装饰上，唐三彩以

素三彩海蟾纹三足洗

点染涂抹为主，不顾及文饰和釉料的关系，形成绚丽无比的效果；而素三彩是用刻划花的方法，文饰清新可见。

最后要介绍的是跟唐三彩属同一类的低温釉陶器——法华和琉璃釉陶。法华始于元而盛于明，主要产于山西地区，在江西景德镇也有法华的产品，但是两地的风格是迥然不同的。法华以黄、绿、紫三色居多，制作工艺较为特殊，把调制好的泥浆装进带有小管的泥袋中，用力按压泥袋，使泥浆从泥管中流出，在胎体表面勾勒出凸出的纹饰轮廓，然后在空地中风干使文饰图案固定，再按设计需要，用不同的釉汁填出底色和文饰的图案，入窑烧成。这

唐三彩的发展及外来文化的融合和吸收

青釉陶熏青

与唐三彩的工艺是大相径庭。器形有花瓶、罐、香炉、钵、动物等。

琉璃的制作工艺繁缛复杂，技术要求很高，成品色泽瑰丽，让人浮想联翩。琉璃也是低温色釉陶，以铁、钴、锰为着色剂，以铅为助熔剂，再配以石英制成。釉料有石英是与其他的低温釉陶所不同的，这也许是琉璃在古代做为官方用品的重要原因，只有在陵墓、庙宇、佛塔的供器才能用到，并且有着森严的等级区别。琉璃早在战国时就已经出现，在隋、唐、辽时流行开来，明代为全盛时期。琉璃跟唐三彩的做工有相似之处，一般先入窑第一次素烧，再施琉璃釉经二次低温釉烧而成。釉色主要有黄、绿、蓝、紫、黑等颜色，釉面光彩夺目，造型优美，风格独特。

（二）唐三彩的对外传播

唐三彩不仅受到国内人民的喜爱，而且也受到了国外人民的喜爱，唐三彩有的

青釉陶瓷器荷叶型塑雕瓶

唐三彩的发展及外来文化的融合和吸收

唐三彩远销世界各地

作为宝贝馈赠给外来使者，或者经由"丝绸之路"或是通商口岸传入外国。唐三彩的工艺、花纹、釉色乃至文化理念，都成为其他国家学习和模仿的对象。在朝鲜、日本、伊拉克、伊朗、埃及都有唐三彩的出土，而其唐三彩在异域人民智慧的双手下，带有了浓厚的异国情调。

唐三彩来到了朝鲜，朝鲜人民取长补短，在唐三彩的基础上，烧制成了"新罗三彩"。而唐三彩到波斯也生根发芽，落地开花，仿制唐三彩制作出了"波斯三彩"。唐三彩在日本经工匠加工又成了具有日本特征的"奈良三彩"。这里我们主要说说波斯三彩的特点：波斯三彩的造型和装饰都具有波斯银器的艺术风格，立体精致的浮雕花纹，浓郁瑰丽的色彩，显得金碧辉煌，高雅神圣。

三彩作品造型逼真、品种繁多、装饰丰富、熠熠生辉，不仅反应了某个时代的社会生活、文化、习俗、观念，而且也是文明的一种载体，或是奋进的、或是激昂的、或是有点羞涩的，但都从一个侧面说明了中华民族文明的源远流长。

七、唐三彩的历史作用

挖掘出的唐三彩大部分是陪葬品

（一）作为明器

唐朝是封建社会最为繁盛的时期，大唐帝国疆域辽阔，生产力发达，经济繁荣，政治稳定，文化多元，对外交流频繁。唐诗、丝绸、金银器、陶瓷都是唐代创造的文明，大唐国运昌盛，雄风浩荡。唐三彩以栩栩如生的造型，流畅的线条和筋骨，轩昂的气势，斑斓绚丽的釉色深受人们喜爱。

唐三彩在唐墓中出土，种类繁多，造型独特，由于在唐墓中出土较多，所以人们常常认为唐三彩是作为明器的。但这对唐三彩价值的判断是不恰当的。我们有必要对唐三彩的作用做一个简单的总结和归拢。

在中国，厚葬之风历来都有。众所周知的秦始皇兵马俑就是最好的证据，在物质生活极度富裕的唐代，厚葬之风更是旺盛。整个社会都弥漫着奢靡铺张的味道，上层人士腐朽不堪，平民百姓醉生梦死。古代把死亡看得很神秘，认为人死后灵魂还活着，这样的迷信思想，对唐三彩作为明器起到了推波助澜的作用。厚葬之风从社会的上层开始，而后下移，逐渐波及社会底层与民间，最后风行全国。唐三彩是当时最好的陪葬用品，其要有庞大的仪仗

唐三彩是古时最好的陪葬品

唐三彩的历史作用

队抬入墓中。这类唐三彩包括三彩镇墓俑、仪仗俑、侍仆俑、动物俑，还有一些碗、盆、壶等器皿。此类作品在唐三彩的作品中数量最多，制作精细、釉色绚丽，都是上乘作品。

（二）作为日常生活用品

佛教自汉代以来传入中国，佛教中的众生平等、逆来顺受的思想，常得到统治者的

唐三彩仕女俑

唐三彩佛像

重视，统治者纷纷利用此思想来对百姓进行政教，使社会安定、民心向上。到了唐代无论是唐太祖，还是唐玄宗，或是武则天，都对佛教都宠爱有加，虽然道教、儒家曾跟佛教争宠，但是佛教在唐朝得到了长足的发展。佛寺林立，僧侣如云，佛教艺术内容丰富，形式多样，佛教石窟艺术与佛教建筑、雕塑、绘画一起构成了具有浓郁民族色彩的佛教艺术。唐三彩的雍容华丽、色彩斑斓令人陶醉，供奉佛祖、祭祀祖先当然也是首选。从唐庆山寺遗址出土的唐三彩，都是距今1300多年的珍贵盛唐佛教文物，有金棺银尊、释迦如来舍利宝帐等不易之物，那里供奉的三彩盘和三彩南瓜也让人瞠目结舌。在舍利宝帐前蹲卧着一对三彩护法狮子，这足以说明唐三彩也是宗教用品。

大量的唐三彩碗、瓶、盆、洗、尊等器皿的出土，正说明了唐三彩在唐代的日常生

唐三彩马

唐三彩

活中的用途。在陕西铜川黄堡窑址的三彩龙头构件，用捏、贴、雕、刻、划等手法，刻画了一个活灵活现的龙首，气度不凡，这也只有在大唐盛世的氛围下才能设计出来的。据专家猜测，当时龙首构建在大型的建筑上，使建筑彰显大气、富贵，不可侵犯。可以说唐三彩运用在生活的方方面面，并非只是明器。

唐墓中出土的一些三彩鸡、三彩狗、三彩蛙、三彩兔等，最高也不足15厘米，矮的才只有3厘米，这些小陶器精美轻巧，可能是用来当作小孩的玩具，在欣赏这些艺术品的同时，更要赞美工匠们超群的技艺。

唐三彩也作为贡品出现在宫廷

（三）对外出口

唐朝以自己强大的政治、经济、军事居世界之首，许多国家频繁与唐朝交往，在唐都西安和洛阳热闹的街上，都能看到身着各种奇异服装的兄弟民族的人。各国派使者、留学生纷纷来大唐帝国，学习唐朝的政治、经济制度，跟唐朝进行对外贸易、进行传教收徒、做官。唐帝国鼎盛时，曾与世界上70余个国家有政治、经济和

唐三彩曾风靡一时

文化上的交流。大唐帝国以自己宽大的胸襟和互惠互利的原则，欢迎各国的宾朋。经历了几代人的积淀，陶器业在唐朝如雨后春笋，生机勃勃。造船、航海技术的进步为唐朝的海上交往起到了推动作用，还有大家所知晓的"丝绸之路"，使大唐瑰宝——唐三彩向国外的销售畅通无阻。在陆地上通过"丝绸之路"由马、骆驼驮着，在海上通过海船，源源不断地运送到到中亚甚至是欧洲等地。在埃及、伊拉克、朝鲜和日本等地均出土了唐三彩。唐三彩风靡一时，肯定是各国人争先恐后购买和收藏的礼品。唐三彩精细的做工、别致的造型、靓丽的釉色，都是令他们倾慕的原因。

唐三彩遍及生活的各个方面，无论是什么题材、什么风格。我们单说它作为明器、作为陪葬品是不全面的。我们单是赞美它的造型，或是它的釉泽，或是它的工艺，也是不全面的。唐三彩以它独有的艺术魅力，给人一种无与伦比的视觉享受和积极奋进的精神体验，是中国陶瓷史乃至世界陶瓷史的一颗明珠，植根于中华民族文明土壤之中，也是中华民族个性的体现，直到现在还熠熠生辉、光彩照人。